Werte · Normen · Weltanschauungen

Arbeitsheft

Werte und Normen
für die Klassen 7/8
Landesausgabe Niedersachsen

von Eveline Luutz

Autor: Eveline Luutz

1. Auflage
© Militzke Verlag GmbH, Magdeburg 2019
Umschlag: Kerstin Spohler
Druck und Binden: Esser printSolutions GmbH, Bretten
ISBN: 978-3-86189-874-0

Militzke Verlag GmbH – www.militzke.de

Das bedeuten die Symbole:

A   Aufgabe

Q   Quelle

*   Die Lösungen für die so gekennzeichneten Seiten findest du auf Seite 47.

Bin ich schon immer ich?

Per E-Mail verkündet ein junger glücklicher Vater allen Freunden und Bekannten die Geburt seiner kleinen Tochter. Durch einen Link werden die Leser mit dem Blog des Babys verbunden. Auf diese Weise können sie sich wöchentlich mehrmals in Elenas Welt einloggen und per Foto und lustigen Kommentaren erfahren, womit sich die kleine Elena so zu beschäftigen hat: die erste Begegnung mit Papa, die erste Spazierfahrt in der Klinik, nasse Windeln, Mamas Streicheleinheiten usw. usw.

1. Einen so frühen Blog kannst du dir nicht mehr einrichten, aber in einer Fotoreportage, einem Album, einer Pinnwand, einem Plakat oder doch einem Blog kannst du von deiner Welt erzählen. Vergiss nicht, die ersten Fotos, wichtige Feste oder Ereignisse einzufügen. Frag deine Eltern und Großeltern, flechte kleine Episoden aus deinem Leben ein und kommentiere dein stetiges Wachsen. Lass dir etwas ganz Besonderes einfallen. **A**

2. Stelle Vorüberlegungen über dich und deine Welt an. **A**

Was ist typisch für mich?

Was kann ich schon immer gut?

Was fällt mir schon immer schwer oder macht mir keinen Spaß?

In welcher Beziehung habe ich mich am meisten verändert?

In welchem Moment bin ich wirklich gewachsen?

Welche Personen waren mir, solange ich sie kenne, immer wohlgesonnen?

Welche Personen haben mich in welcher Beziehung besonders gefördert?

Wem konnte ich etwas (was) beibringen?

Beschuldigungen im Streit vermeiden

Oft kommt es zu einer Verschärfung bei Streitigkeiten, weil die Streitenden sich gegenseitig mit Beschuldigungen überhäufen. Besser als mit dem Finger auf andere zu zeigen und Sätze zu sagen wie …

„He, du Blödmann, bist du blind!?"

… ist es, in der Ich-Form mitzuteilen, was einen selbst ärgert, z. B.:

„Ich mag es nicht, wenn ich angerempelt werde."

Situation	Streitverschärfung	Ich-Aussage
Ein/e Freund/in hat das Geschenk, das du ihm/r zum Geburtstag geschenkt hast, einem anderen aus der Klasse weiterverschenkt.		
Beim Überqueren des Schulhofes hörst du, wie einer deiner Mitschüler sagt: „Da geht der/die blöde …"		
Dein Freund/deine Freundin hat sich Geld von dir geliehen und versprochen, es binnen einer Woche zurückzugeben. Nun sind schon 3 Wochen um und er/sie vertröstet dich noch immer.		

A   1. Fülle beide Spalten aus, indem du in der einen eine Aussage notierst, die euern Streit verschärft, und in der anderen eine Ich-Aussage.

A   2. Denk dir eine weitere Streitsituation aus und verfahre wie in Aufgabe 1.

A   3. Tauscht euch anschließend in der Klasse darüber aus, ob die von euch vorgeschlagenen Ich-Aussagen wirklich geeignet sind, dem Streit die Schärfe zu nehmen.

Mein Ich-Modell

1. Sammle zunächst stichpunktartig Eigenschaften und Charakteristika von dir. Was machst du gern,
   welche Verhaltensweisen und Hobbys sind typisch für dich?

....

....

....

2. Bastle aus den Stichworten dein Ich-Modell. Notiere im Mittelkreis deinen Namen und in den kleineren   A
   Kreisen deine wichtigsten Kennzeichen.

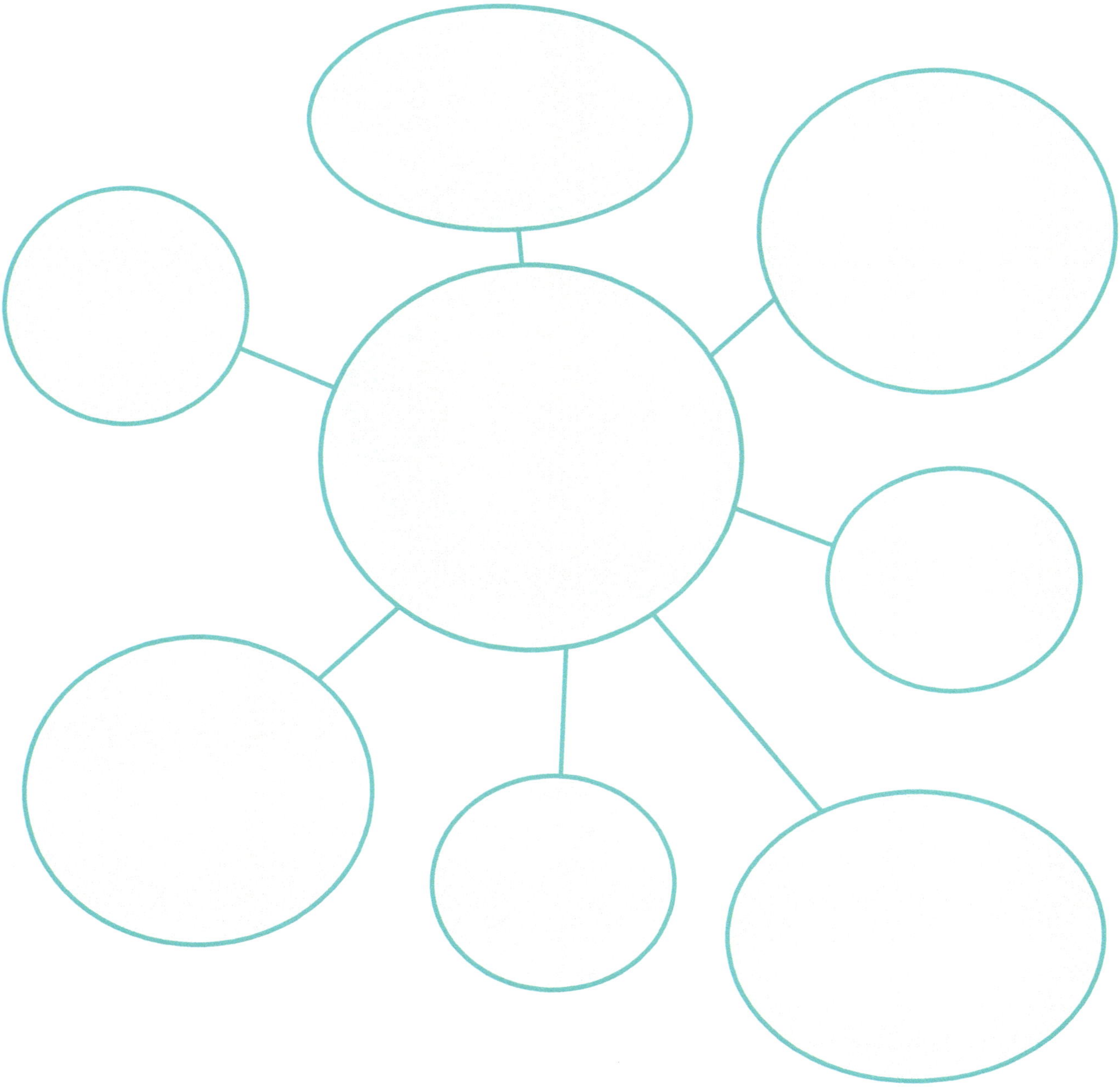

3. Vergleicht eure Modelle anschließend.   A

Wurzeln und Flügel

Es heißt, dass Kinder zwei Dinge unbedingt brauchen: Wurzeln und Flügel.

A   1. Schreibe in den linken Flügel, wozu Kinder die Flügel benötigen.

A   2. Schreibe in den rechten Flügel, was das Wachstum von Flügeln in der Kindheit fördert.

A   3. Halte unter der Erdkugel fest, warum Kinder Wurzeln haben müssen.

A   4. Begründe, ob und warum sich deiner Meinung nach Wurzeln und Flügel bei Kindern ausschließen bzw. nicht ausschließen.

Was der Schönheit widerspricht

Solange es Menschen gibt, streben sie danach, schön zu sein. Jedoch, das, was als schön angesehen wird, unterliegt Wandlungen. Den Menschen der Barockzeit würden unsere heutigen Schönheitsidole als „Hungerhaken" wenig attraktiv erscheinen.

1. Kreise alle Merkmale ein, die deiner Meinung nach der Schönheit eines Menschen Abbruch tun, und ergänze weitere.   A

2. Liste 8 Merkmale auf, die für dich zu einem schönen Menschen dazugehören. Vergleicht eure Listen. Wie erklärt ihr euch Gemeinsamkeiten und Unterschiede?   A

....

....

....

Mobben und gemobbt werden

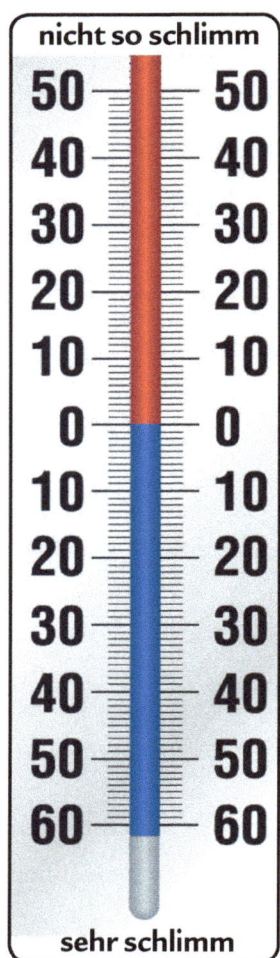

A 1. Positioniere auf der Skala des Thermometers alle Wörter, die auf den Wortkarten stehen.

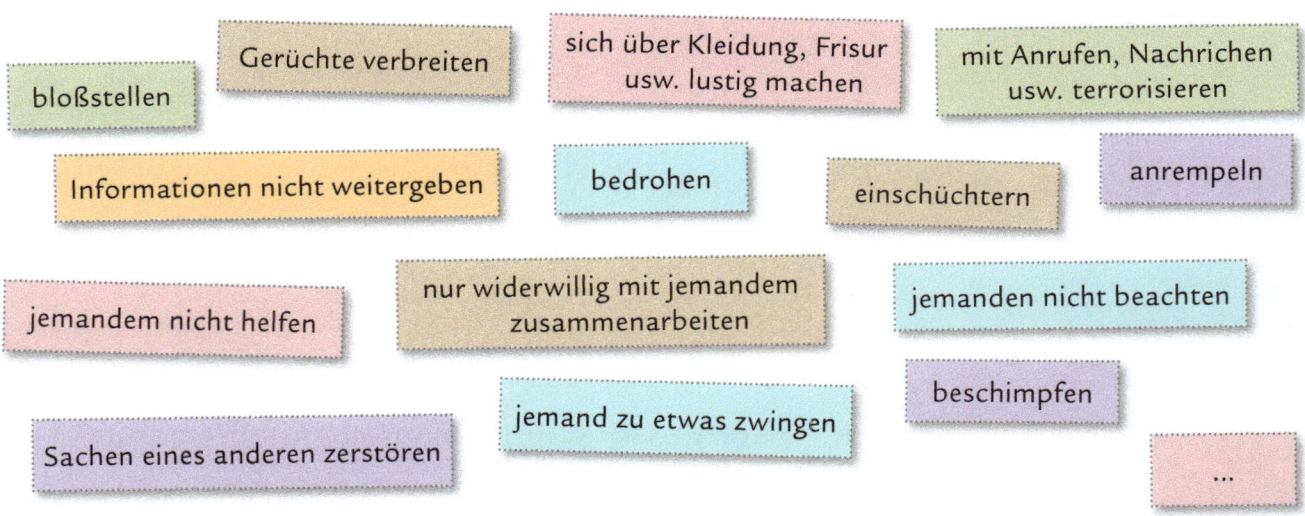

A 2. Vergleiche deine Anordnung mit denen deiner Mitschüler.

A 3. Diskutiert, welche Folgen es für eine Person haben könnte, wenn die drei von euch als am wenigsten schlimm eingeschätzten Handlungen ein Dauerzustand werden.

A 4. Finde drei Argumente, warum Cybermobbing noch schlimmer ist als „normales" Mobbing.

Soziale Rollen

1. Notiere zu jedem Begriff, was er bedeutet.

A

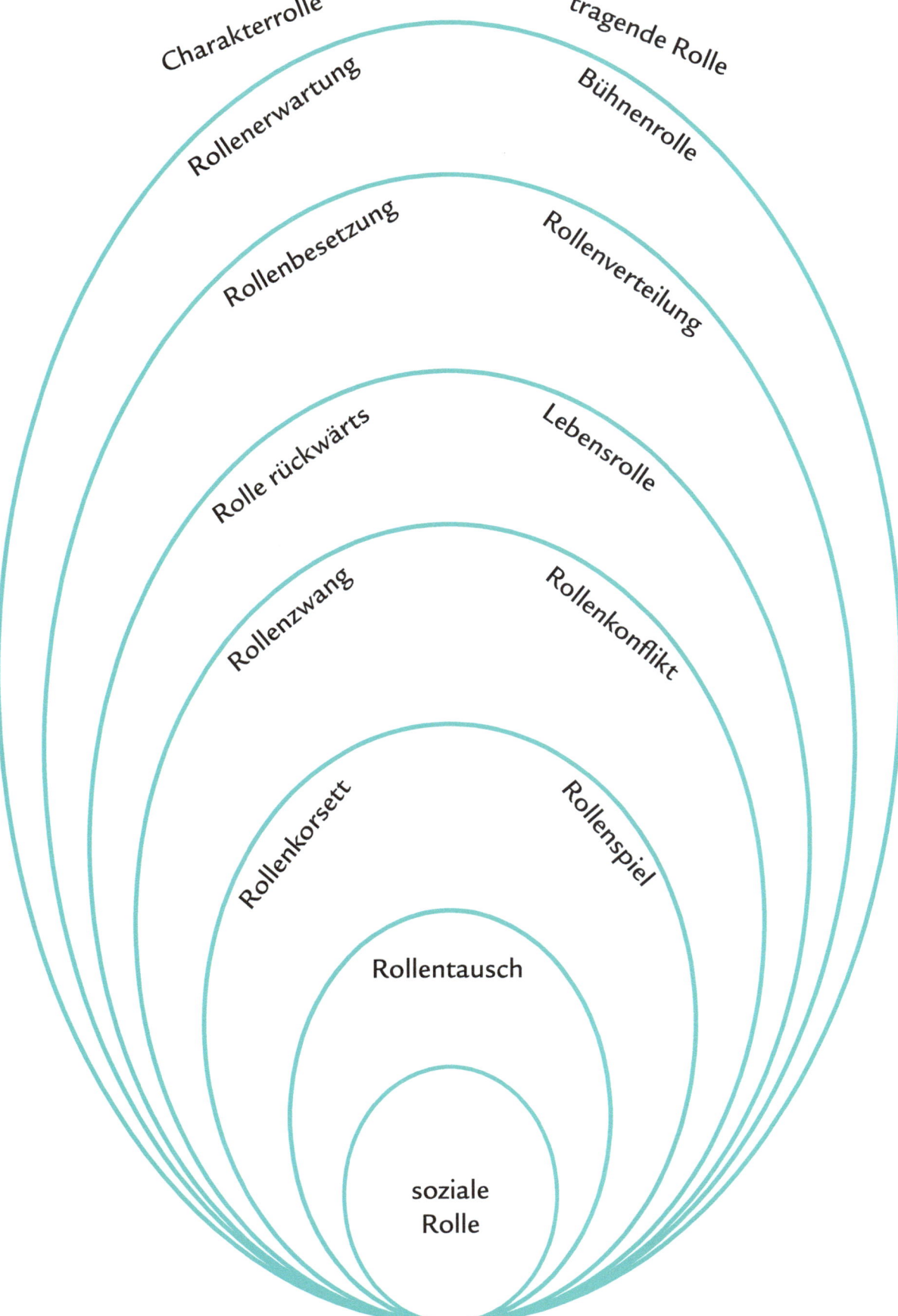

Charakterrolle

tragende Rolle

Rollenerwartung

Bühnenrolle

Rollenbesetzung

Rollenverteilung

Rolle rückwärts

Lebensrolle

Rollenzwang

Rollenkonflikt

Rollenkorsett

Rollenspiel

Rollentausch

soziale Rolle

Geschlechterrollenwechsel

A 1. Wenn du dein Geschlecht frei wählen könntest, würdest du dann wieder das Geschlecht wählen, zu dem du gehörst, oder wärst du lieber in einem anderen „zu Hause"? Kreuze das Zutreffende an und begründe.

JA	NEIN

A 2. Stell dir vor, du bist am Morgen erwacht und alles war anders. Über Nacht hast du das Geschlecht gewechselt.

› Gib dir in deinem neuen Geschlecht einen neuen Namen.

› Wähle ein neues Hobby, das zu deinem Geschlecht passt. Welches ist es und warum hast du es gewählt?

› Gestalte dein Zimmer um. Was änderst und was belässt du?

› Wähle dein neues Outfit. Zeichne dich in deinem neuen Look oder gestalte eine Collage, die dich in deinem neuen Outfit zeigt.

Die Sprache der Hand

In gewisser Weise lässt sich die Gruppe mit einer menschlichen Hand vergleichen. Dabei steht die Hand für die Einheit der Gruppe, die Kraft, die wir gemeinsam haben. Zu diesem Sinnbild gehört aber auch die Erkenntnis, dass die Hand nichts ist ohne ihre Teile, die beweglichen Finger. Zudem ist jeder Finger (jedes Individuum) einmalig und daher kaum ersetzbar.

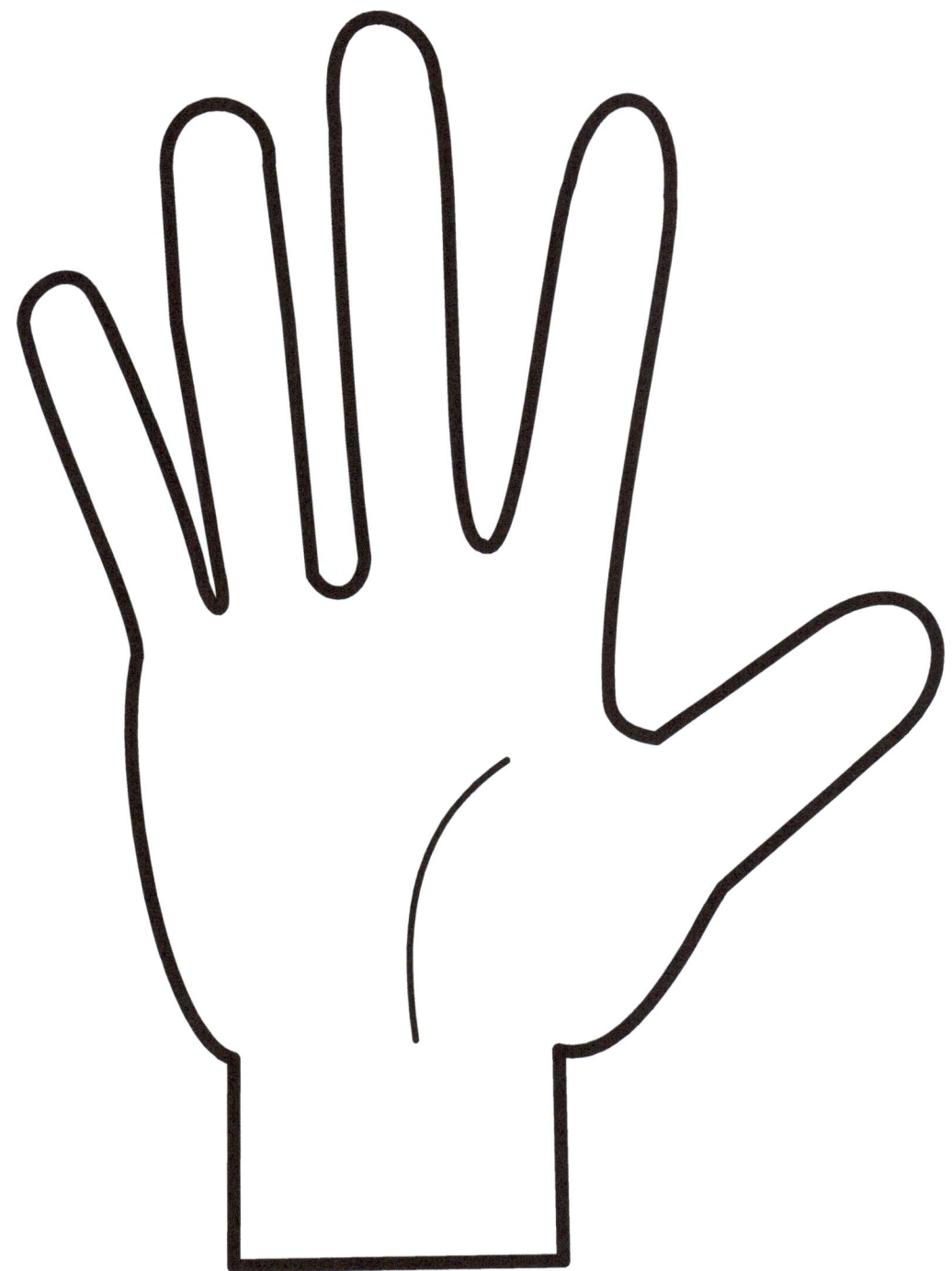

Notiere in den Fingern: A
  › Daumen = deinen Platz/deine Position in der Klasse
  › Zeigefinger = einen treffenden Spitznamen für dich
  › Mittelfinger = ein besonderes Hobby/eine besondere Stärke, die du besitzt
  › Ringfinger = irgendetwas von dir, was dich von allen anderen unterscheidet
  › kleiner Finger = eine Schwäche von dir

Lebenskrisen meistern

In Buchläden findest du Unmengen an **Büchern** und CDs zur Meisterung von Lebenskrisen. Es gibt im Internet, im Fernsehen und im Radio Patentrezepte für ein besseres Leben. Dennoch geraten Menschen immer wieder in Krisen, verzweifeln sie am **Leben**.

A 1. Liste mindestens drei Anlässe auf, die eine Krise auslösen können, und lege dar, warum es angesichts des jeweiligen Ereignisses zur Krise gekommen sein könnte.

1
_____

2
_____

3
_____

_____

A 2. Notiere, wie sich persönliche Krisen äußern können.

_____

_____

_____

_____

_____

_____

_____

_____

In der chinesischen Schrift wird das Wort Krise durch eine Verbindung der Zeichen für Gefahr (wei) und Chance (ji) abgebildet.

A 3. Notiere in den Spalten der Tabelle, was dafür spricht, dass eine Lebenskrise eine Gefahr und zugleich eine Chance ist.

Chance	Gefahr

Angst, das Eingangstor für Süchte?

(1)

(2)

(3)

Stell dir vor, die drei gehen in deine Klasse.

1. Halte für jede Person fest, wovor sie Angst haben könnte.   A

....

....

....

2. Unterbreite für jede Person zwei Vorschläge, wie sie ihre Angst überwinden kann.   A

....

....

....

....

....

3. Lege dar, ob und inwiefern Alkohol, Drogen usw. der jeweiligen Person einen Weg aus der Angst eröffnen   A
   könnten.

....

....

....

....

Keine Party ohne Rausch

Nur ein bisschen Speed und ich kann tanzen, tanzen, tanzen.
(Linus, 15 Jahre)

Alkohol hellt die Stimmung auf. Schließlich sind wir nicht hier, um Trübsal zu blasen.
(Jonas, 13 Jahre)

Ich trinke nie Alkohol, auch auf Partys nicht. Ich hole mir gleich zu Beginn einen alkoholfreien Cocktail und halte mich daran fest. Um fröhlich zu sein, brauche ich keinen Alkohol und keine Drogen wie die anderen. Noch nie hat sich jemand beschwert, dass ich die Stimmung vermiese. No drugs, weil ich es mir wert bin!
(Lina, 14 Jahre)

Ich kenne meine Grenzen ganz genau. Ein bisschen Gras hat noch niemandem geschadet. Es macht gute Laune und gibt mir Freiheit.
(Marleen, 14 Jahre)

A 1. Halte in der Tabelle jeweils fünf Gründe und fünf Gegengründe fest, warum Drogen zu einer Party dazugehören.

Gründe	Gegengründe

A 2. Marleen sagt, dass Drogen ihr Freiheit schenken. Erläutere den Zusammenhang von Drogen und Freiheit. Belege deine Sicht mit Beispielen.

Der Hase im Rausch

Der Igel hatte einst zu seinem Wiegenfeste
Den Hasen auch im Kreise seiner Gäste
Und er bewirtete sie alle auf das Beste.

Vielleicht ist's auch sein Namenstag gewesen,
Denn die Bewirtung war besonders auserlesen.
Und geradezu in Strömen floss der Wein,
Die Nachbarn gossen ihn sich gegenseitig ein.

So kam es denn, dass Meister Lampe bald
Zu schielen anfing – er verlor den Halt.
Er konnte sich mit Mühe nur erheben
Und sprach die Absicht aus, sich heimwärts zu begeben.

Der Igel war ein sehr besorgter Wirt
Und fürchtete, dass sich ein Gast verirrt.
„Wo willst du hin mit einem solchen Affen?
Du wirst den Weg nach Hause nicht mehr schaffen.
Und ganz allein im Wald dem Tod entgegengehen,
Denn einen Löwen hat man jüngst gesehen."

Dem Hasen schwoll der Kamm, er brüllt in seinem Tran: **Q**
„Was kann der Löwe mir? Bin ich sein Untertan?
Es könnte schließlich sein, dass ich ihn selbst verschlinge.
Den Löwen her! Ich fordere ihn vor die Klinge!
Ihr werdet sehen, wie ich den Schelm vertreibe.
Die sieben Häute ziehe ich ihm ab von seinem Leibe
Und schicke ihn dann nackt nach Afrika zurück!" [...]

Infolge des geräuschvollen Gezeters
Und des Gebrülls des Schwerenöters,
Der sich mit Mühe durch das Dickicht schlich,
Fuhr unser Löwe auf mit einem Fluch
Und packte den Hasen grob am Kragen:
„Du Strohkopf willst es also wagen [...]"

Sergej Wladimirowitsch Michalkow (1913–2009)

(http://das-blaettchen.de/2013/03/der-hase-im-rausch-23108.html;
Zugriff: 29.09.2015)

1. Kennzeichne alle Textstellen, die zeigen, dass der Hase betrunken ist.   **A**

2. Notiere, wie die Begegnung zwischen dem betrunkenen Hasen und dem Löwen weitergeht.   **A**

....

....

....

3. Höre dir die Fortsetzung auf YouTube „esche + hase" an und vergleiche sie mit deiner.   **A**

Kaufrausch

Dem Handel geht es darum, möglichst viel zu verkaufen, die Kunden möglichst in einen Kaufrausch zu versetzen. Deshalb wird das Kaufverhalten der Menschen analysiert und es werden Typen gebildet.

Der Frustkäufer

kauft aus einer schlechten Laune heraus und strebt danach, diese durch seinen Einkauf zu verbessern.

_____

_____

Der Spontankäufer

kauft schnell und kurzentschlossen aus einer Laune heraus, wenn ihm etwas ins Auge springt.

_____

_____

Der Markenbewusste

achtet auf Qualität und „seine Marke". Er will sich durch seine Marke gegenüber anderen abheben und nimmt höhere Preise gern in Kauf.

_____

_____

Der Schnäppchenjäger

jagt Sonderangeboten nach, er vergleicht die Preise und will beim Kaufen sparen.

_____

_____

Der Lustkäufer

kauft Dinge, die ihn erfreuen. Er wählt mit Genuss und in aller Ruhe aus und findet darin Befriedigung.

_____

_____

A 1. Schildere für jeden Kauftyp ein Beispiel.

A 2. Erläutere, zu welchem Typ du dich am ehesten zählst. Sollte dieser nicht dabei sein, dann beschreibe ihn kurz.

_____

_____

A 3. Diskutiert, welche der Typen am meisten Kaufsucht gefährdet sind und warum.

Wofür ich mein Smartphone nutze

Lernen/Recherchieren
(Bing, Google ...)

Kamera

Smartwatch
(Schrittzähler ...)

Spielebox

Kurznachrichtendienste
(WhatsApp, ginlo ...)

Ergänze, wozu du dein Smartphone nutzen kannst bzw. nutzt.

A

Warum spiele ich im Netz?

A   1. Mein Avatar.
Nenne seinen Namen und beschreibe seine wichtigsten Eigenschaften. Wenn du möchtest, dann zeichne ein Bild von ihm.

A   2. Meine Quest.
Notiere mindestens eine Quest.

A   3. Warum spiele ich im Netz?
Stell dir vor, du sollst einem guten Freund aus deiner Spielergilde diese Frage beantworten.
Führe mindestens fünf Gründe an.

A   4. Positioniere dich dazu, ob und warum bzw. warum nicht Internetspiele mehr Spaß machen als ein klassisches Brett- oder Gesellschaftsspiel.

Nichts geht leichter als abnehmen

Mit 14 Jahren dämmerte es mir, dass ich niemals einen Freund haben würde. Mein Vater fand sich bereit, mir Kontaktlinsen zu kaufen. Sie kosteten enorm viel Geld. Es war das erste Mal, dass ich etwas so Teures, das ich mir sehr wünschte, auch bekam. Vielleicht fand mein Vater meine Brille genauso schlimm wie ich. Unbebrillt kam mir mein Gesicht ungewohnt nackt vor. Ich umrahmte meine Augen mit schwarzem Kajalstift, das gab ihnen wieder Kontur. Darüber pinselte ich einen metallicblauen Lidschatten. Q

Nun musste ich nur noch schlank werden. Meine Mutter, meine Schwester und ich machten die Mayo-Diät. Das Rezept hatte Mutter von einer Nachbarin. Es war leicht, abzunehmen. Ich aß morgens eine halbe Grapefruit und drei hartgekochte Eier, mittags eine halbe Grapefruit und drei hartgekochte Eier und abends drei hartgekochte Eier und einen grünen Salat mit Zitronensaft. Schon am nächsten Tag wog ich zwei Kilo weniger, die Hosen schlotterten. Am zweiten Tag aß ich morgens drei harte Eier und eine halbe Grapefruit, mittags drei harte Eier und eine halbe Grapefruit und abends ein halbes Hähnchen ohne Haut. Nach den Eiern schmeckte das Hähnchen super, ich wurde sogar beinahe satt. Am nächsten Morgen hatte ich bereits drei Kilo abgenommen. Das ging jeden Tag so weiter mit dieser Unmenge von Eiern, nur abends gab es gekochtes Fleisch oder Fisch und eine widerwärtige gegrillte Tomate.

Bis zu acht Pfund konnte man angeblich pro Woche verlieren. Ich verlor zwölf. Natürlich war mir die ganze Zeit schwindlig. Wenn ich in der Schule die Treppen zum Sprachlabor hoch stieg, musste ich öfter stehenbleiben, mich am Geländer festhalten, weil mir schwarz vor Augen wurde. Außerdem begann ich ab dem dritten Tag tierisch zu stinken. Aber was machte das schon, wenn ich endlich statt 61 wieder 45 Kilo wog. Endlich sah ich gut aus. In jeder Pause rannte ich aufs Klo, um mich im Spiegel zu betrachten. Wenn ich mich sehen konnte, ging es mir gut. Wenn ich mich nicht sah, fühlte ich mich hässlich. Leider nahm ich in den ersten Tagen nach der Mayo-Diät gleich wieder zwei Kilo zu. Ich fing die Diät von vorn an, bis ich wieder 45 Kilo wog. Meine Augäpfel färbten sich gelblich. Als ich keine Eier mehr sehen konn- te, machte ich mit der Brigitte-Diät weiter. 55 Kilo war die Schallgrenze. Wenn ich mehr wog, fühlte ich mich schuldig. Entweder schuldig oder hungrig. Aber eigentlich fühlte ich mich selbst dann schuldig, wenn ich 45 Kilo wog, eigentlich hätte ich 49 wiegen sollen. 49 oder 47 Kilo wären ein akzeptables Gewicht gewesen.

Als ich 45 Kilo wog, sprach Hoffi mich auf der Rückfahrt von einer Klassenreise an. In der Disko der Englandfähre kam er zu mir herüber und sagte: „Hallo." „Hallo", sagte ich und hielt mich an seiner Schulter fest, weil das Schiff gerade von einer Seite auf die andere schwankte. Das Leben war so einfach.

(Frei nach Karen Duve: Dies ist kein Liebeslied. Goldmann, München 2004, S. 97 ff.)

1. Nenne mindestens drei Gründe, aus denen heraus man sich zum Abnehmen entschließen kann. A

....

....

....

2. Hast du selbst schon einmal mit dem Gedanken gespielt, eine Diät zu machen? A
   Warum wolltest du das tun bzw. nicht tun?

....

....

....

....

Homosexualität

A   1. Inwiefern stimmst du den nachfolgenden Aussagen zu? Kreuze jeweils das für dich zutreffende Maß an Zustimmung an.

	völlige Zustimmung	teilweise Zustimmung	keine Zustimmung
Homosexualität ist eine Krankheit, die ein Arzt heilen kann.	☐	☐	☐
Die Möglichkeit, eine homosexuelle Lebenspartnerschaft einzugehen (sog. „Homoehe"), finde ich gut.	☐	☐	☐
Ich begegne Homosexuellen mit Toleranz und Verständnis.	☐	☐	☐
Wenn sich mein bester Freund/meine beste Freundin als homosexuell outen würde, hätte ich damit kein Problem.	☐	☐	☐
Im Umgang mit Homosexuellen fühle ich mich unsicher.	☐	☐	☐
Homosexuelle übertragen AIDS.	☐	☐	☐
Im Allgemeinen habe ich keine Vorbehalte gegenüber homosexuellen Männern und Frauen.	☐	☐	☐
Eine/n Lesbe/Schwulen hätte ich ungern als Freund/in.	☐	☐	☐
Homosexuelle Männer und Frauen werden in unserer Gesellschaft nicht diskriminiert.	☐	☐	☐

A   2. Versuche jede deiner Positionen mit Argumenten zu untermauern.

A   3. Notiere, was du dem Vater erwidern würdest.

Ein Vater sagt zu seinem halbwüchsigen Sohn:

Das wäre ja auch ein Ding – unser einziger Sohn und schwul! In der ganzen Verwandtschaft sind nur anständige und ehrbare Leute!

Schwierigkeiten mit der Liebe*

A bhängigkeit

B

C

D

E

F

G

H IV

I

J

K

L

M

N

O

P

Q

R

S

T

U

V

W

X anthippe

Y

Z

1. Notiere zu jedem Buchstaben eine „Schwierigkeit" in bzw. mit der Liebe. A

2. Vergleicht in einem Gespräch eure Ergebnisse und erörtert, wie man den Schwierigkeiten entkommen A
   kann.

Rätsel Liebe und Sexualität*

1																
2																
3																
4																
5																
6																
7																
8																
9																
10																
11																
12																
13																

Das Lösungswort lautet: _ _ _ _ _ _ _ _ _ _ _ _ _

A Gesucht werden folgende Begriffe:

1 Auslöser einer durch Geschlechtsverkehr übertragbaren Immunschwächekrankheit
2 eine Art der Liebe, auch „leidenschaftliche Liebe" genannt
3 das Gefühl, „Schmetterlinge im Bauch" zu haben
4 sexuell übertragbare Immunschwächekrankheit
5 ein Verhütungsmittel
6 festes Zueinanderhalten der Liebenden
7 Zeitraum zwischen Zeugung und Geburt eines Kindes
8 gleichgeschlechtliche Sexualität
9 vorbeugende Maßnahme gegen eine Schwangerschaft
10 eine Form der käuflichen Liebe
11 Liebesbezeigung
12 Auseinandergehen einer Liebesbeziehung
13 Symbol für das Zusammengehören zweier Liebender

Verantwortungsvoller Umgang mit Sexualität

Liebe und Sexualität werden oft in einem Atemzug genannt und irgendwie gehören sie ja auch zusammen. Gerade Liebende sollten verantwortungsvoll mit ihrer Sexualität umgehen.

1. Was bedeutet für dich „verantwortungsvoller Umgang mit Sexualität"? Liste die fünf wichtigsten Punkte auf.
   A

....

....

....

....

In einer Pause unterhalten sich drei Schülerinnen über Sex:

Pia: Für alle Fälle habe ich immer Kondome dabei.
Lea: So ein Quatsch. Das sieht so aus, als ob man immer auf Sex aus ist. Das muss sich einfach so ergeben, mit oder ohne Kondom.
Cindy: Außerdem, wenn es für beide das erste Mal ist und keiner von beiden je gefixt hat, dann besteht gar kein Grund, ein Kondom zu benutzen.

2. Begründe, ob, wann und warum beim Geschlechtsverkehr ein Kondom benutzt werden sollte!
   A

....

....

....

....

....

....

....

....

Beziehungskiste

A

1. Packe eine „Beziehungskiste", die folgende Dinge enthält:

a) fünf gemeinsame „Spielregeln" für die Beziehung;

....

....

....

....

....

b) fünf Dinge, die du selbst in die Beziehung einbringen willst;

....

....

....

....

....

c) fünf Dinge, die dir in der Beziehung wichtig sind.

....

....

....

....

2. Beiseite legen darfst du: fünf Dinge, die in einer Beziehung keinen Platz haben …

....

....

....

....

Partnersuche – So solltest du sein

Das stand an der Tafel,
als die Klasse morgens in
das Klassenzimmer kam ...

> Mira, meine Liebe, ich will nicht ohne dich sein!
> Lass es uns versuchen.
> Ich hol dir die Sterne vom Himmel.
> Das kann ich wirklich!
> Komm zu mir!
> Dein Finn

Wichtig für eine Partnerschaft ist, wenn ...

	a) der Partner ein Mädchen ist	b) der Partner ein Junge ist	Rangfolge 1–8
Treue			
Zärtlichkeit			
Lust			
Kinderliebe			
Schönheit			
Konfliktfähigkeit			
Humor			
Durchsetzungskraft			
Rücksichtnahme			
Romantik			
Intelligenz			
Gleichberechtigung			
Überlegenheit			
Selbstlosigkeit			
Kochkünste			

1. Kreuze an, was für eine Partnerschaft wichtig ist,
   a) wenn der Partner ein Mädchen ist,
   b) wenn der Partner ein Junge ist.
   Streiche sieben der angegebenen Begriffe und setze die anderen in eine Rangfolge von 1 bis 8 entsprechend deiner Meinung.
2. Schreibe eine Partnerschaftsanzeige für dich. Welche Eigenschaften von dir hebst du besonders hervor, welche verschweigst du?
3. Schreibe einen Negativratgeber „Wie zerstöre ich eine Partnerschaft?". Notiere möglichst viele Verhaltensweisen, die sich gegen den Erhalt einer Partnerschaft richten.

Partnerschaftstest

1. Welche Rolle spielt das Aussehen in einer Partnerschaft? Welcher Meinung bist du?
a) Er/sie muss mir gefallen – auch äußerlich. Sein/ihr Charakter muss mir aber auch zusagen.
b) Aussehen ist das Entscheidende. Alles andere ergibt sich.
c) Mit jemandem zu gehen, der mir äußerlich nicht gefällt, kann ich mir nicht vorstellen.

2. Du bist schon seit vier Wochen mit einem Jungen/Mädchen zusammen. Bisher ist es noch nicht zu Zärtlichkeiten gekommen. Welcher Meinung schließt du dich an?
a) Wenn sich beim nächsten Treffen nichts ereignet, mache ich die Fliege.
b) Ich lass ihm/ihr noch Zeit. Wenn wir beide es wollen, wird es umso schöner.
c) Ich versuche eine Situation zu schaffen, in der es zu Zärtlichkeiten kommen müsste.

3. Woran kann eine Partnerschaft am ehesten scheitern? Wie schätzt du das ein?
a) Die Möglichkeiten sind einfach zu groß, einen anderen Partner kennenzulernen.
b) Durch die Belastungen in der Schule haben beide keine Zeit füreinander.
c) Wenn einer das Vertrauen des anderen missbraucht.

4. Du triffst dich mit einem Jungen/Mädchen, der/die ohne Unterbrechung nur von sich erzählt und auch nicht merkt, dass du kaum noch zuhörst. Was denkst du?
a) Das nervt. Wie kann ich den/die bloß wieder loswerden?
b) Wenn er/sie redet, muss ich wenigstens nichts erzählen.
c) Vielleicht geht ihm/ihr irgendwann die Luft aus und er/sie lässt mich auch mal zu Wort kommen.

5. Jemand aus deiner Klasse erzählt dir, dass dein Freund/deine Freundin am Wochenende auf dem Dorffest mit einer/einem anderen geknutscht hätte. Wie reagierst du?
a) Ich fordere eine Aussprache mit meinem Freund/meiner Freundin und entscheide dann, was ich tue.
b) Ich richte es so ein, dass ich vor den Augen meines Freundes/meiner Freundin das Gleiche tue.
c) Ab sofort sehe ich unsere Verbindung als beendet an.

6. Du hast dich mit deiner Clique verabredet. Kurz bevor du gehen willst, ruft dich dein neuer Schwarm an und lädt dich ins Kino ein. Was tust du?
a) Ich gehe mit ins Kino. Keinesfalls darf er/sie zur Clique. Dort gibt es hübsche Mädchen/tolle Jungs.
b) Ich sage ihm/ihr, dass ich schon etwas vorhabe. Aber ich nehme ihn/sie auch mal zur Clique mit.
c) Ich erzähle von der Verabredung und schlage ihm/ihr vor, zur Clique mitzukommen.

Testauswertung

Antwort	Frage 1	2	3	4	5	6	
a	0	4	2	0	0	4	Pkt.
b	4	0	4	4	2	2	Pkt.
c	2	2	0	2	4	0	Pkt.

A Zähle die für dich zutreffenden Punkte zusammen. Die Summe führt zum Ergebnis:

0 –7 Punkte: Du hast klare Vorstellungen über eine funktionierende Partnerschaft. Dein gesundes Selbstwertgefühl ist die beste Voraussetzung für ein gleichberechtigtes Miteinander. Missbraucht aber dein Partner/deine Partnerin dein Vertrauen, dann ist mit dir nicht gut Kirschen essen.

8 –16 Punkte: Du hast viele gute Ansätze für das Miteinander in einer Partnerschaft. Allerdings solltest du dich nicht zu Reaktionen verleiten lassen, die einer Partnerschaft nicht angemessen sind. Setze mehr auf Vertrauen und Verständnis, wenn es auch manchmal schwerfällt.

17- 24 Punkte: Die Perspektiven für eine Partnerschaft sehen im Moment für dich nicht sehr rosig aus. Du scheinst eher zum Single geboren zu sein. Kein Wunder, dass es manche nicht lange mit dir aushalten. Es gibt noch viel zu tun. Pack es an.

Tagcloud Geschlecht*

Queer

Divers

GESCHLECHT

Intersexualität

Gender

So viele Bedürfnisse

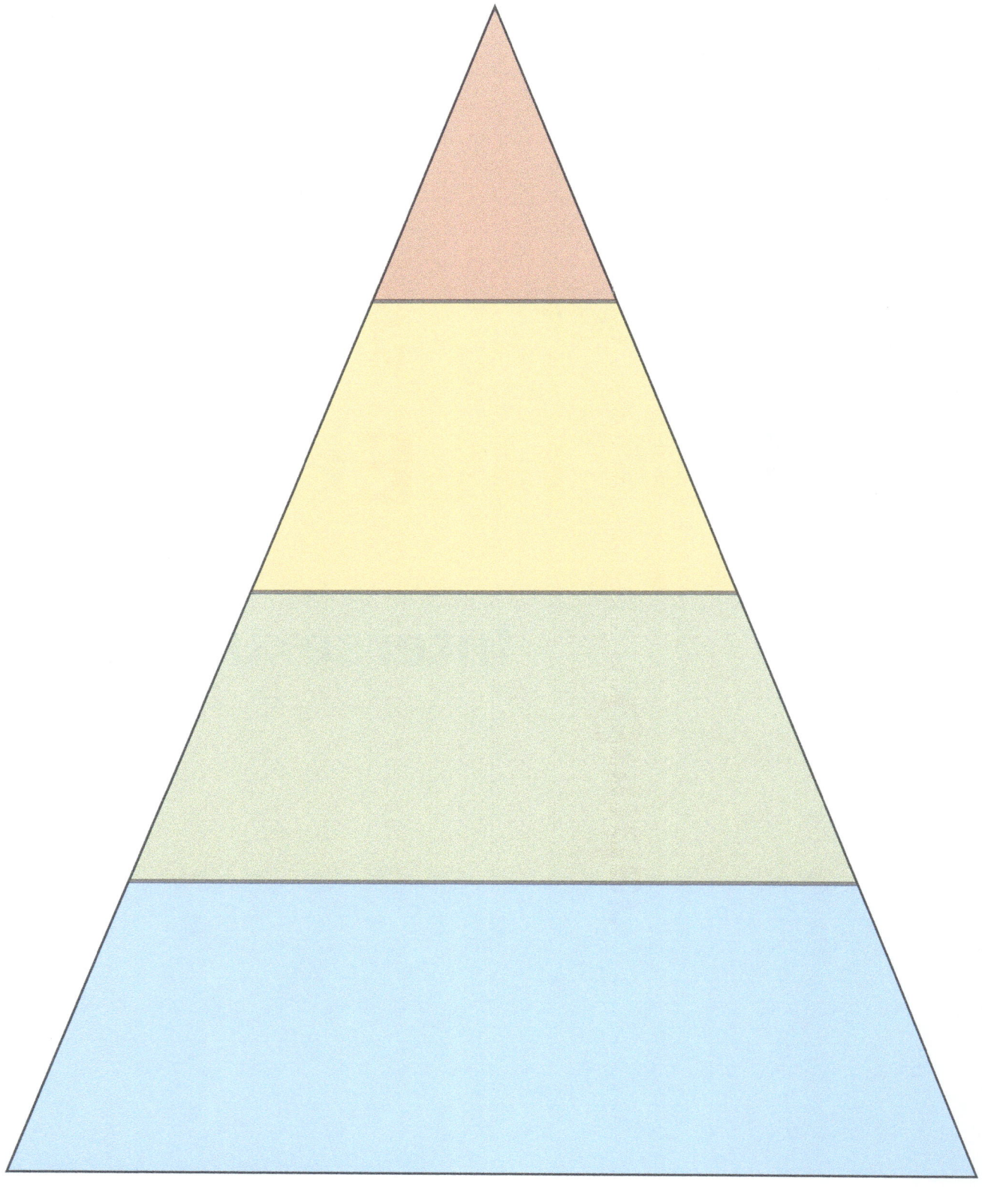

A   1. Beschrifte die vier Ebenen der Bedürfnispyramide.

A   2. Erstelle deine persönliche Bedürfnispyramide, indem du deine aktuellen Bedürfnisse rechts und links neben der Pyramide notierst.

A   3. Kennzeichne, zu welcher Stufe das jeweilige Bedürfnis gehört, indem du es in der Farbe der Stufe, zu der es gehört, umrandest.

Kauf mich!

Mit jeder Ware, die wir kaufen, befriedigen wir nicht nur ein Bedürfnis, beseitigen wir nicht nur einen empfundenen Mangel. Mit jeder Ware, die wir kaufen, wecken wir zugleich den Hunger nach neuen Waren.

1. Zeichne oder notiere neben den Bildern, wonach die jeweilige Ware hungert.

2. Erläutere, woraus der Hunger der Waren resultiert und wie man ihn stillen kann.

Sokrates im Kaufhaus – ein Gedankenexperiment

Stell dir vor, Sokrates (470–399 v.u.Z.), ein griechischer Philosoph der Antike, bekannt für seinen Wissensdurst und seine Freude an Gesprächen mit seinen Mitmenschen, betritt ein modernes Kaufhaus. Er streift durch die Gänge, begutachtet neugierig alle Waren, beobachtet die Käufer und steigt von Stockwerk zu Stockwerk. Nach geraumer Zeit tritt er wieder ins Freie. Er setzt sich gemütlich auf den Rand eines Springbrunnens. Ein Student setzt sich alsbald neben ihn und fragt: „Nun Alter, all die schönen Sachen, da staunst du, nicht wahr?"

Sokrates holt tief Luft und antwortet sichtlich erleichtert, dem Kaufhaus entkommen zu sein: „Wie gut, dass ich all dieser Dinge nicht bedarf."

A   1. Erläutere, woher Sokrates' Erleichterung rührt.

....

....

....

....

....

A   2. Lege zwei Gründe dar, warum du so leben könntest wie Sokrates bzw. warum nicht.

....

....

A   3. Unterbreite drei Vorschläge, was jeder von uns von Sokrates lernen kann.

....

....

....

....

....

Kinder haben Rechte

Zusätzlich zur Menschenrechtsdeklaration verabschiedete die UNO im Jahr 1989 die „Konvention über die Rechte der Kinder". Sie umfasst 54 Artikel und zielt darauf ab, die Welt, in der wir leben, kinderfreundlicher und kindgerechter zu machen.

1. Notiere in den Ballons die deiner Meinung nach wichtigsten Rechte der Kinder.   A

2. Stell dir vor, bei seinem Flug gerät dein Ballon in Turbulenzen und es müssen nacheinander alle Rechte   A
   über Bord geworfen werden bis letztlich nur noch ein einziges Recht übrig ist.
   a) Notiere, in welcher Reihenfolge du auf welches Recht verzichtest.
   b) Bei der Landung ist nur ein einziges Recht übrig geblieben. Welches ist es?
   c) Begründe, warum dieses Recht für dich dasjenige ist, worauf du am wenigsten verzichten kannst.
      Überlege, ob deine Gewichtung dieses Rechts auch für andere oder gar für alle Kinder stehen kann.

Was ist ein Mensch wert?

Q Es sollte der Wert des Menschen ermittelt werden. Materialistisch gesehen und in Euro beziffert, lässt er sich einfach aus seinem Gewicht und seinen Bestandteilen ableiten: Wasserstoff, Kohlenstoff, Sauerstoff und Stickstoff, verfeinert mit Kochsalz und wenigen Spurenelementen und Schwermetallen, grob geschätzt 75 Kilo, alles in allem also 2,51 €. Wohl dem, der ein paar Pfunde zu viel hat!

„Nein, nein", wirft ein Student ein. „Es spielt doch eine Rolle, ob wir nur den toten Körper betrachten oder das Leben mit einbeziehen. Ein lebender Mensch ist doch mehr wert als ein toter."

Aber was ist „das Leben" und welchen „Wert" messen wir ihm bei? Nun, Lebensversicherungen gibt es ab 10.000 €. Also ist der Wert des Menschen abhängig von dem, was er sich leisten kann. Oder ist es gar das „Ersatzteillager" Mensch, dem man nach dem Tod durch die Entnahme von funktionsfähigen Spenderorganen einen „Wert" beimessen kann, der dann hinzu zu addieren ist?

Gehört nicht neben den materiellen Gütern auch das Immaterielle, das im Leben Erreichte, der Ruhm zum Wert des Menschen? Dann aber wäre der Wert eines Menschen erst nach seinem Tode zu ermitteln, weil er dann nicht mehr in seine Wertsteigerung eingreifen kann. Es erfolgt die Bestandsaufnahme: Wieviel Bargeld, Immobilien ... sind vorhanden? Welches Ansehen und welchen Ruhm hat er zu Lebzeiten erlangt? Indes der immaterielle Wert des Menschen kann sich nach seinem Tod ändern.

Beleuchten wir die Sache von einer gänzlich anderen Seite: Jeder Mensch entsteht aus einer Zelle. Sollten wir den Wert des Menschen nicht schon zu einem Zeitpunkt bewerten, wo nur das genetische Material den Unterschied zwischen Menschen und anderen Lebensformen ausmacht? Schließlich könnten wir dann eine Bewertung vornehmen, ohne weitere Faktoren berücksichtigen zu müssen, die uns den Blick für das Wesentliche verstellen könnten.

Wenn das Wesentliche in der Beurteilung des Menschenwertes das Erbgut ist, wird es nicht einfacher: Was ist denn unser objektivierbarer Maßstab? Wer legt das Urmeter eines einmaligen Erbgutes fest? Welche Bewertung bekommen davon abweichende Genome ...

(Frei nach Peter Seibel, Prof. für Molekulare Zelltherapie in: Schauspiel Leipzig. H. 1 / 2006/07, S. 3)

A 1. Markiere im Text die unterschiedlichen Maßstäbe, nach denen der Wert des Menschen bestimmt werden könnte.

A 2. Begründe, welchen du für den besten hältst bzw. unterbreite einen eigenen Vorschlag.

....

....

....

A 3. Wie passen die Fragen nach dem Wert und nach der Würde des Menschen zusammen? Positioniere dich dazu, ob bestimmte Menschen mehr wert sind als andere.

....

....

....

....

Respekt für jeden und für alles?

Respekt ist eine Form der Achtung und Wertschätzung für eine andere Person, ihre Denk- und Verhaltensweisen.

1. Du findest hier eine Reihe von Sachverhalten. Markiere diejenigen farbig, die deiner Meinung nach keinen Respekt verdienen. **A**

2. Begründe für zwei, warum dies so ist. **A**

....

....

....

....

1 Nino ist körperlich und geistig behindert. Um auf sich aufmerksam zu machen, kreischt er in Gesellschaft laut und schrill.

2 Liams Opa hat auf seinem Grundstück die Flagge des Deutschen Reiches gehisst, um zu zeigen, dass er ein Reichsbürger ist.

3 Jamie nimmt sein Basecap während des Unterrichts nicht vom Kopf.

4 Die Fans des Eishockeyclubs Nordhorn spornen ihre Mannschaft, als diese im Rückstand liegt, mit dem Schlachtruf „Kill him!" an.

5 Gülsüm erscheint mit einem Kopftuch zum Unterricht, das sie auch während des Unterrichts nicht absetzt.

6 Tom und Lilly sind Punks. Sie verachten den Staat und sie verachten Spießer und deren Eigentum. Um das zu zeigen, haben sie mit einem Schraubenzieher auf die Motorhauben geparkter Autos „Muster" geritzt.

7 Sofia meint, dass jeder seine Meinung frei äußern darf und nennt Achmed immer nur „der Kanake".

8 Svenja hat beim Triathlon in der Altersklasse bis 14 Jahre den letzten Platz belegt.

Verletzungen der Menschenwürde messen

A   1. Ordne jeder Aussage einen Zahlenwert der Messskala zu. Begründe deine Zuordnung kurz.

a) Frauen dürfen bei der Post nur Pakete bis 20 kg Gewicht austragen.

b) Im Grundgesetz heißt es im Artikel 5, dass jeder das Recht habe, seine Meinung frei zu äußern. Nach Ansicht von Frauenrechtlerinnen sei die Formulierung eine Entwürdigung von Frauen, weil diese nicht explizit benannt werden.

c) Lena ist nur mit Pia befreundet, weil die unter den Mädchen der Klasse den Ton angibt.

d) Lukas wird gemobbt.

e) Der Hochschullehrer Wolfram L. bekommt von einer Uni einen Brief mit folgender Anrede: Sehr geehrte Frau ProfessorIn Wolfram L.,

f) In einer TV-Sendung sagt der Moderator zu einem Kandidaten: „Du singst lieblich wie eine Nebelkrähe und stehst da wie ein Kuhstallbesen."

Ist die Todesstrafe gerecht?

1. Zähle auf, für welche Verbrechen du die Todesstrafe für gerechtfertigt hältst, und begründe deine   A
   Meinung kurz.

....

....

....

Zweck einer Strafe

Für das Gemeinwesen	Für das Opfer	Für den Täter
Kanalisierung von Rachegelüsten	Genugtuung	individuelle Abschreckung
Abschreckung anderer potenzieller Täter	Schutz vor weiteren Schädigungen	Sicherung des Täters auf Zeit
Festigung des Rechtsbewusstseins	Verarbeitung von Verletzungen	Schuldverarbeitung/ Sühne
Wiederherstellung des Rechtsfriedens	Ausgleich für erlittenes Leid	Resozialisierung

2. Kreise all die Zwecke des Strafens ein, die mit der Todesstrafe erreicht werden können.   A

3. Fasse in einem Satz deine Antwort auf die Frage in der Überschrift zusammen und begründe knapp.   A

....

....

An Gott glauben

Wissenschaftlern wurde die Frage gestellt: „Was bedeutet Ihnen Gott?" Hier ein paar Antworten:

Q

Die Quelle der Ordnung, Orientierung außerhalb unseres Denkens.
(Prof. Harald Fritzsch, Physiker)

Verantwortung.
(Prof. Peter Propping, Humangenetiker)

Eine überflüssige Hypothese.
(Prof. Gerhard Vollmer, Philosoph)

Eine emotional besetzte Erinnerung an kindliche Vorstellungen von Allwissenheit, Gerechtigkeit und spärliche Barmherzigkeit.
(Dr. Peter Janich, Philosoph)

Gott ist eine faustgrobe Antwort, eine Undelikatesse gegen uns Denker – im Grunde sogar ein faustgrobes Verbot an uns: ihr sollt nicht denken.
(Friedrich Nietzsche)

Ein Weg zur Bescheidenheit.
(Prof. Hans-Jürgen Warnecke, Ingenieur)

Illusion.
(Prof. Peter Eschberg, Schauspieler)

Eine Hilfskonstruktion zum Verständnis der Welt.
(Prof. Winfried Schulze, Historiker)

(Frei nach Ethik & Unterricht H. 4/2005)

A   1.   Schreibe in den Kasten, was dir Gott bedeutet bzw. wie du „Gott" für dich „übersetzen" würdest.

A   2.   Filtere nun die Äußerungen heraus, nach denen Gott wichtig ist. Markiere sie farbig.

A   3.   Notiere, wobei den Befragten ihr Glaube an Gott hilft.

A   4.   Nenne (gestützt durch die Äußerungen) ein paar Gründe, warum „Gott" abgelehnt wird bzw. unwichtig ist.

Von Goldenen und anderen Regeln

Als Oskar im Winter auf einer überfrorenen Pfütze ausrutschte und stürzte, da lachten ihn Tim und Mia lauthals aus, weil er weinte. Dabei hatte er sich beim Sturz die Hand gebrochen.
Heute sieht er, wie Tim auf der Straße mit seinem Fahrrad stürzt. Seine Knie sind aufgeschürft und der Lenker ist total verbogen.

1. Trage in der Sprechblase ein, was Oskar denkt, wenn er in dieser Situation die Goldene Regel anwendet. **A**

2. Schreibe, was er tut, wenn er das Gebot der Nächstenliebe anwendet. **A**

....

....

....

....

Immer, wenn Lina Katja und deren große Schwester zusammen trifft, macht Katja dumme Bemerkungen. „Guck doch nur mal, wie Lina aussieht in ihrem pinken Anorak – wie ein rosa Schweinchen!" und dann lachen beide lauthals los. Heute kommt Katja ganz allein aus dem Schulhaus geschlichen, sie hat in der Mathearbeit wieder nur eine Vier bekommen. Sie läuft Lina direkt in die Arme.

3. Schreibe in den einen Kasten, was Lina tut, wenn sie nach der Goldenen Regel handelt, und in den anderen, wenn sie das Gebot der Nächstenliebe beherzigt. **A**

Moderne Heilige

Q

In den Sportgemeinschaften ist den Kirchen eine kräftige Konkurrenz entstanden. Es sind neue Gebilde, anders organisiert, mit neuartigen Ritualen, auf viele Orte verstreut. Als erstes fällt bei den Fans die Erzeugung von Gemeinsamkeiten auf. Ähnlich vereinigend wie gemeinsames Trinken wirkt das Absingen von Fußballhymnen, unterstützt von festen Bewegungsabläufen. Die Schals werden mit beiden Händen über den Kopf gehalten und im Rhythmus der Musik hin und her geschwenkt, wie die Fahnen einer Prozession.

Nach dem Sieg Schumachers in Monte Carlo wurde von seinen Fans das Plakat hochgehalten: „Blick auf zum Himmel – nur er ist stärker als du". Durch den Sieg des Heiligen ist die Welt besser geworden. Auch die Fans werden geheiligt; schließlich haben sie sich durch Ausdauer bewährt. Auf jede erdenkliche Art sucht die Gemeinde die Nähe ihres „Gottes": durch Autographen, Fanpost, Anfassen, das Tragen „seines Trikots" mit seiner Rückennummer und seinem Namen.

Im Stadion von Nou Camp befindet sich eine Hall of Fame des FC Barcelona; dort hatte ich einen ähnlichen Eindruck wie im Heiligtum der Schwarzen Madonna. Ergriffenheit herrschte bei den Wallfahrern, ehrfürchtige Bewunderung vor Trophäen vergangener Siege, Beweise der Macht des Vereins. Ähnlich Reliquien war ein „Domschatz" ausgestellt, bestehend aus originalen Bällen, Trikots, Schuhen aus unvergesslichen Spielen. Beim Verlassen der Ausstellungsräume wirkten die Fans heiter und gelöst wie eine Gemeinde nach der Messe:

Die Welt hatte sie wieder, sie hatten sich einer heiligen Pflicht unterzogen und wandelten wie verbesserte Menschen in die Stadt zurück.

(Frei nach Gunter Gebauer: Bewegte Gemeinden. In: Sonderheft MERKUR. Nach Gott fragen.
DZ für europ. Denken, H. 9/10/1999, S. 936 ff.)

A   1. Unterstreiche im Text alle Aussagen, die das Fan-Verhalten als pseudo-religiös kennzeichnen.

A   2. Liste weitere Beispiele für eine quasi religiöse Götzenverehrung aus dem Sport oder der Unterhaltungswelt auf.

A   3. Lege Parallelen zwischen religiösen Praktiken sowie dem beschriebenen Fan–Verhalten dar.

Was von der Verantwortung befreit

Die Freiheit, als junger Erwachsener selbst entscheiden zu können, was man macht, hat einen Zwilling, die Verantwortung. Wer für sich reklamiert, nach eigenem Ermessen handeln zu können, der muss auch dann für die Folgen einstehen, wenn diese anders als geplant ausfallen. In solchen Situationen wünscht sich mancher, von der Last der Verantwortung befreit zu sein.

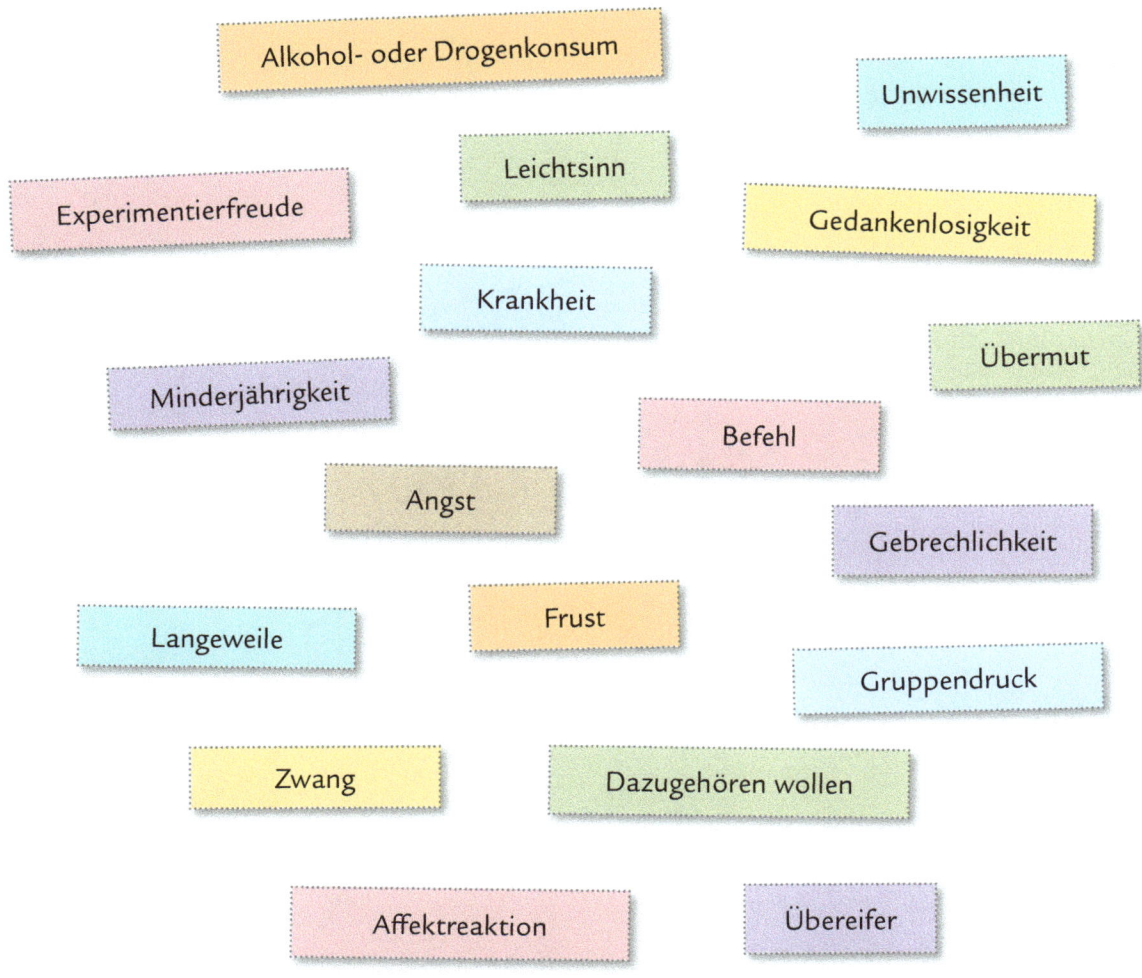

Alkohol- oder Drogenkonsum
Unwissenheit
Leichtsinn
Experimentierfreude
Gedankenlosigkeit
Krankheit
Übermut
Minderjährigkeit
Befehl
Angst
Gebrechlichkeit
Langeweile
Frust
Gruppendruck
Zwang
Dazugehören wollen
Affektreaktion
Übereifer

1. Kreise mit einem farbigen Stift alle Wörter bzw. Wortgruppen ein, die die persönliche Verantwortung bei Fehlhandlungen tatsächlich einschränken.   A

2. Notiere für zwei Stichworte, die deiner Meinung nach die Verantwortlichkeit für eine Fehlhandlung nicht einschränken, warum das so ist.   A

....

....

....

....

Kultur als Stützskelett*

Der Verhaltensforscher Konrad Lorenz (1903–1989) hat die Kultur, verstanden als Gesamtheit der Lebensformen der Menschen, einmal als das Stützskelett eines jeden Menschen beschrieben.

A   1. Vervollständige die Mindmap mit weiteren Elementen, die zur Kultur dazugehören.

A   2. Erläutere die Metapher „Kultur als Stützskelett". Bestimme, von welchem Bildspender aufgrund welcher Eigenschaften das genutzte Bild zu welchem Bildempfänger getragen wurde.

....

....

Kulturelle Identität

Vor großen religiösen Feiertagen lege ich die Beichte ab.

Von Aschermittwoch bis zum Ostersonntag faste ich.

Die gesamte lebende Natur ist beseelt.

Ich esse nur koschere Speisen.

Ich verhülle meine Reize durch entsprechende Kleidung.

Ich esse kein Rindfleisch. Kühe sind für uns heilige Tiere.

Mein Sohn wird nach altem Brauch beschnitten.

Frauen und Männer sind einander ebenbürtig und gleichgestellt.

Durch Erziehung und Bildung wird der Mensch gebessert und emporgehoben.

1. Notiere unter jeder Aussage, zu welcher Kultur sie gehört und wodurch du die entsprechende Kultur identifizieren konntest. A

2. Benenne für deine Kultur drei weitere Merkmale, die typisch sind. A

Mein Weltbild

Alle Menschen leben in einer Welt zusammen. Doch zunächst leben die einzelnen Menschen in kleinen, überschaubaren Zusammenhängen, der „kleinen Welt" ihrer Familie, ihres Wohnortes, die Bestandteile der „großen Welt" sind.

Meine Welt

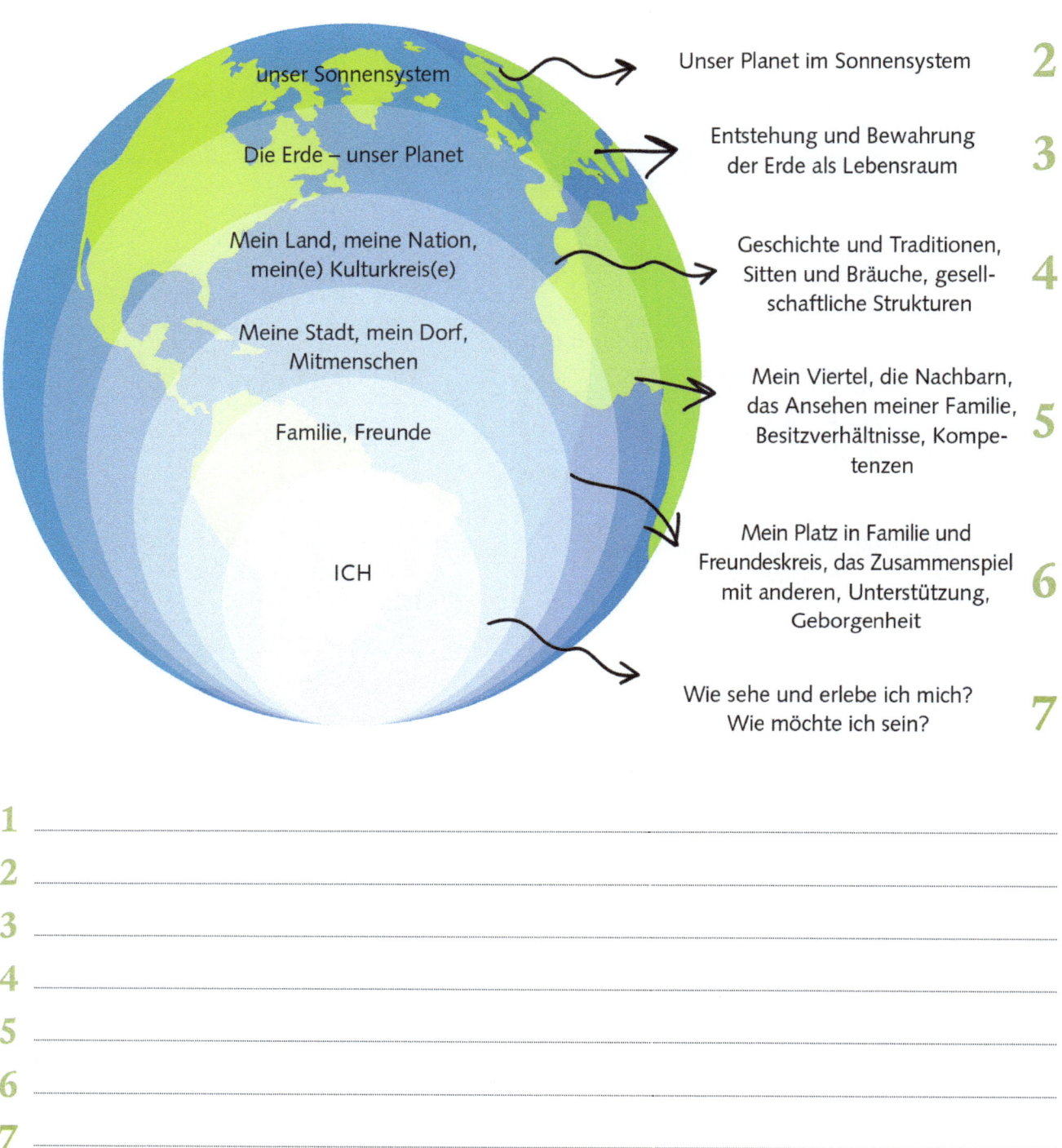

1 _____

2 _____

3 _____

4 _____

5 _____

6 _____

7 _____

A 1. Skizziere mithilfe der Fragen, wie du die Welt und dich drin siehst, indem du die Antworten hinter die Ziffern schreibst.

Schöpfung oder Entwicklung?

Für die Entstehung der Welt gibt es zwei Erklärungsmodelle: das biblische und das wissenschaftliche.

Alles ist Gottes Werk – Die Schöpfung

Die jüdisch/christliche Schöpfungsgeschichte wird im ersten Buch Moses, der Genesis, beschrieben. Das Wort Genesis bedeutet Entstehung oder Ursprung.

Am Anfang schuf Gott Himmel und Erde; die Erde aber war wüst und wirr; Finsternis lag über der Urflut, und Gottes Geist schwebte über dem Wasser. Gott sprach: Es werde Licht. Und es wurde Licht. Gott sah, dass das Licht gut war. Gott schied das Licht von der Finsternis, und Gott nannte das Licht Tag, und die Finsternis nannte er Nacht. Es wurde Abend, und es wurde Morgen: erster Tag.

(Genesis 1, 1-1,5)

2. Tag: Erschaffung des Himmels
3. Tag: Erschaffung von Land und Meer sowie von Pflanzen und Früchten
4. Tag: Erschaffung der Gestirne
5. Tag: Erschaffung aller Lebewesen der Meere und der Luft
6. Tag: Erschaffung der Landlebewesen und des Menschen
7. Tag: Gott ruhte am siebten Tag, er segnete und heiligte ihn

Entwicklung unserer Welt – Der Urknall

Durch die Entwicklung der Wissenschaften wissen wir sehr viel über die Welt. So wissen wir, dass die Erde nur ein kleiner Teil eines Planetensystems mit einem Stern in der Mitte ist.

Die Urknalltheorie geht davon aus, dass vor ca. 13,5 Mrd. Jahren das gesamte Weltall eine Masse mit unvorstellbarer Dichte auf minimalem Raum und von extrem hoher Temperatur war. In einer riesigen Explosion – einem Big Bang, einem „großen Knall" – dehnte sich diese Masse in unvorstellbarer Geschwindigkeit und Größenordnung immer weiter aus. Im Laufe der Jahrmilliarden bildeten sich allmählich Sternhaufen, die wir heute Galaxien nennen. Darin befinden sich einzelne Sonnensysteme. Erkenntnisse der heutigen Naturwissenschaft besagen, dass alle Lebewesen (Organismen) der Erde miteinander verwandt sind. In einem allmählichen Prozess (Evolution) über Millionen von Jahren erfolgte die Entwicklung von den niedrigsten Organisationsformen des Lebens (wirbellose Tiere) bis zu den heute hoch organisierten Formen (Säugetiere, Mensch).

1.

2.

3.

1.

2.

3.

1. Formuliere jeweils drei Fragen an die Schöpfung und an die Entwicklung, mit denen du Unklarheiten sichtbar machst, auf Widersprüche verweist und nicht Verstandenes zum Ausdruck bringst.   A

Im Internet kannst du weitere Informationen zur Thematik erhalten.

2. Diskutiert die aufgeworfenen Fragen im Unterricht. Ihr könnt auch Lehrerinnen und Lehrer anderer Fächer (z. B. Biologie, Physik) bitten, euch bei der Beantwortung der Fragen zu unterstützen.   A
3. Wähle entweder die Schöpfung oder die Entwicklung aus und fertige dazu einen Comic an. Ihr könnt die besten Comics auch in einer kleinen Ausstellung allen Schülerinnen und Schülern eurer Schule zugänglich machen.   A

Überprüfe dein Wissen!

Was gehört zu jedem Ich?	Finde zwei Beispiele für gemeinsam erlebte Krisen.
Liebe ist eine Empfindung? Welche Konsequenzen hat das?	Erläutere den Unterschied zwischen Sex und Gender.
Welche Bedürfnisse gehören zu den Grundbedürfnissen des Menschen?	Was unterscheidet die Menschenrechte von der Menschenwürde?
Definiere „Religion".	Was versteht man unter der biologischen Kränkung des Menschen?

Lösungen

S. 23, Schwierigkeiten mit der Liebe
Zum Beispiel:
Abtreibung oder Aids/Belästigung/Chatten oder Coming-out/Date/Eifersucht/Fremdgehen/Gewalt/
Heimlichkeit/Ichbezogenheit/Jugendliebe/
Konflikte/Lügen oder Liebeskummer/Missbrauch, sexueller oder Missverständnisse/Narzissmus/
Opfer bringen oder One-Night-Stand/Partnersuche/Quicki/richtiger Partner?/Stalking oder schwul/
Treuebruch/Überwachung/Verhütung oder Vertrauensverlust/Warten/Yang/Zügellosigkeit oder Zwang

S. 24, Rätsel Liebe und Sexualität
Lösungswort: Verantwortung
HIVirus/Erotik/Verliebtsein/Aids/Kondom/Treue/Schwangerschaft/Homosexualität/ Verhütung/Prostitution/Kuss/Trennung/Ring

S. 29, Tagcloud Geschlecht
Zum Beispiel: queer/Transgender/schwul/lesbisch/Homosexualität/bisexuell/Sexus/Gender/Genus/
Mann/Frau/Männ*In/Frau*In/Geschlechtsidentität/Geschlechtsverkehr/Geschlechtsreife/heterosexuell/
zwittrig/Hermaphrodit/Sex-Shop/sexistisch/Sexspiele/Coming-out/Geschlechtsangleichung/Geschlechterrolle/androgyn/weder noch/geschlechtslos/transmännlich/transweiblich/Transvestie/Geschlechtswechsel/xy-Frau/Inter*/geschlechtslos/viertes Geschlecht/Geschlechtsumwandlung/Geschlechtergerechtigkeit/Quote

S. 42, Kultur als Stützskelett
Weitere mögliche Arme (Unterarme) können sein: Religion (katholische, evangelische Christen, Freikirchen, Muslime, Juden …)/Weltanschauungen (Atheismus, Liberalismus, Freidenker …)/Leitbilder
(Ideologien, Stars, Idole…)/Kunst/Technik/Wissenschaft/Bildung/Wertvorstellungen/Lebensweise/
Traditionen (Fest- und Feiertage, Dresscodes, Grußformeln …)

Bildnachweis